UN

MARTYR DE CORÉE

In-12. 4ᵉ série.

Elle descendit la montagne avec la rapidité d'une flèche pour annoncer la bonne nouvelle à son père et à sa mère.

UN

MARTYR DE CORÉE

PIERRE NI

PAR M. L'ABBÉ H***

LIBRAIRIE DE L. LEFORT

IMPRIMEUR, ÉDITEUR

LILLE   PARIS

rue Charles de Muyssart   rue des Saints-Pères, 39

M D CCC LXIV

UN

MARTYR DE CORÉE

I

Il existe à l'extrémité de la Chine un pays séparé du reste du monde. C'est une presqu'île environnée d'écueils; les mers qui l'entourent sont fréquemment soulevées par

la tempête. Du seul côté par où la presqu'île
tient à la terre, elle est défendue par des
forêts impénétrables, et par un désert de
quinze lieues de large, où il est absolument
défendu à tout homme de fixer sa demeure.
Ce pays s'appelle la Corée.

Outre ces remparts naturels, la Corée se
garde encore elle-même; elle se vante d'avoir
sur ses frontières une multitude de soldats
armés de lances, aussi nombreux que les
arbres de ses forêts.

Les habitants de la Corée sont énergiques;
mais dans leur ignorance profonde des vérités chrétiennes, leur énergie se change en
cruauté; cependant ils sont intelligents, et
disposés quand ils la connaissent à recevoir
la vérité. Malheureusement aucune mère
chrétienne n'a pris autant de soin pour
écarter de son fils les compagnies dangereuses, que Satan en a pris pour interdire

au missionnaire l'entrée de ce pays, où il réside comme dans une forteresse.

Dans la vallée de Mienghémeshki, à vingt lieues des frontières orientales, se trouvait une humble chaumière, à l'entrée d'une forêt impénétrable. Cette chaumière était habitée par une famille de fermiers païens, chargée de garder et de cultiver les terres d'un grand seigneur, nommé Minieusan ; il faisait ordinairement sa résidence d'été dans ses terres de la vallée de Mienghémeshki, et l'hiver il habitait Séoul, capitale de la Corée, où il était revêtu de la dignité de grand mandarin.

Revenons à notre chaumière : la famille Ni qui l'habitait, était occupée aux champs ; il n'était resté à la maison qu'un jeune homme de vingt-cinq ans, nommé Pierre Ishoës, se mourant sur un misérable monceau de paille, et près de lui le fils aîné de la famille, âgé de quatorze ans, qui avait quitté le travail des champs pour prendre un peu soin du malade.

Ce dernier prit la parole et lui dit : « Maître, voilà deux ans que je sers votre famille, et jusqu'à présent j'ai été un inconnu pour vous ; mais vous m'avez montré plus d'affection que les autres ; et avant de mourir je vais vous dire un secret. Gardez-le bien pour vous, et ne le dites à personne ; car si vous le dites avant le temps, il pourrait vous arriver malheur.

» Il y a dix ans que les Européens sont arrivés dans notre pays ; c'étaient des hommes savants, venus du grand Occident pour nous faire connaître le vrai Dieu ; ils étaient prêtres, et ils ont instruit ma famille ; ma mère m'a fait connaître le vrai Dieu ; j'ai reçu le baptême et je suis chrétien. La persécution est venue ; les prêtres d'Europe ont été mis à mort; ma mère a été massacrée avec eux. J'ai été séparé de mon père; j'ai tout perdu excepté la grâce de mon baptême; on m'a mis en service chez vous; je vais au ciel, où je vais voir Dieu, et où je serai éternellement heureux. Vous n'avez pas la même grâce; vous ne connaissez pas le vrai Dieu; vous n'êtes pas baptisé; si vous mouriez dans cet état, vous seriez éternellement malheureux; aussi je vous conseille, si vous voulez sauver votre âme, de chercher, jusqu'à ce que vous l'ayez trouvé, un missionnaire ou au moins un chrétien qui vous instruise et vous baptise. Il n'y a plus de prêtre dans le pays; mais il y a encore des chrétiens que je ne puis pas vous découvrir; et plusieurs missionnaires du grand Occident tournent autour de nos frontières sans pouvoir les franchir. Voici le signe auquel vous les reconnaîtrez; j'ai confiance en vous, maître, et j'espère

que vous n'en abuserez pas pour les trahir. »
Et il lui apprit à faire le signe de la croix.
Puis, au moment où il formait sur lui pour
la dernière fois le signe sacré en prononçant
les paroles qu'il cherchait à apprendre à son
jeune maître, son âme s'envola au ciel.

L'enfant avait écouté tout ce discours auquel il ne comprenait pas grand chose, avec
un mélange de curiosité, d'étonnement et
de respect pour le mourant. Quand il se vit
en face du cadavre, il eut peur; mais le
visage du chrétien, au lieu de se contracter
hideusement, avait pris de lui-même une
expression de calme et de paix profonde. En
le regardant, l'enfant se rassura et s'en approcha. Plongé dans ses réflexions il se disait : « Où est-il allé? il n'est donc pas mort,
puisqu'il dit qu'il doit être toujours heureux. » Dans sa simplicité il lui adressait la
parole et lui disait : « Où es - tu? es-tu

heureux, comme tu le disais? » Puis voyant
le cadavre inanimé, il se mit à pleurer doucement et alla avertir ses parents de la
mort de leur serviteur.

Pendant que les païens rendaient à leur
manière les derniers devoirs au défunt et
déposaient son corps dans une terre infidèle,
le jeune Ni semblait accablé sous le poids
du chagrin et plongé dans ses réflexions.
Sa mère lui demandait quelle était la cause
de sa douleur et de sa tristesse; mais il se
bornait à répondre qu'il regrettait son ami.
Sa mère ne se contentait pas de cette réponse; car l'enfant n'avait jamais témoigné
tant d'affection à Ishoës; et il y avait une
trop grande différence d'âge entre eux pour
qu'ils pussent être intimes amis.

Pendant l'été l'enfant suivit ses parents
aux champs; mais il gardait souvent le silence; et quand il le pouvait, il s'écartait du

côté de la forêt, cherchant à s'enfoncer dans
ces fourrés épais où jamais homme ne
s'était frayé une route. On voyait qu'il méditait quelque projet énergique. Ses parents
s'en apercevaient et s'en inquiétaient; cependant il ne leur avait jamais déclaré le sujet
de ses inquiétudes; il ne leur avait pas dit
qu'il avait le désir de connaître des chrétiens.
Ni avait une sœur âgée de onze ans, qu'il
aimait beaucoup; mais il la trouvait trop
jeune pour lui confier son secret. Pendant
l'automne, après la récolte du riz, les fermiers des grands seigneurs n'avaient plus
beaucoup de travaux. Le jeune Ni voulant
exercer ses forces, dont il sentait avoir
bientôt besoin, chassait souvent dans les
forêts profondes; le lièvre et le chevreuil
tombaient sous ses flèches; d'autres fois il
s'enfonçait du côté du désert; et dans ces
solitudes il se disait : « Il faut que je trouve

un missionnaire pour qu'il m'apprenne la vérité; il faut qu'il me baptise, pour aller dans le ciel qui est si beau et si grand..... Je le chercherai toute ma vie; mais il faut que je le rencontre, pour ne pas être malheureux pendant l'éternité. J'irai par là, disait-il en regardant du côté de la frontière; car il est par là le missionnaire du grand Occident. » Et puis l'immense étendue du désert l'effrayait : « Il est par là, mais il est loin, bien loin, et je suis tout seul.... et quand je serai parti, ma mère ne me verra plus; je n'aurai plus ni mère ni sœur ! »

Alors il s'asseyait sur le sable ou dans les bois ; et après quelques moments d'accablement, il priait Dieu, sans le connaître, de lui donner les moyens de sauver son âme.

—

I I

Un soir notre jeune homme, plus agité qu'à l'ordinaire, composa son extérieur, et de l'air le plus calme et le plus joyeux qu'il put prendre, s'approcha de sa mère et lui dit : « Demain je voudrais entreprendre une grande chasse et explorer les parages que je ne connais pas encore ; veuillez me préparer des provisions en conséquence, et ne vous étonnez pas, ma mère, si je ne rentre pas à l'heure ordinaire. »

Sa mère lui fit maintes recommandations, comme il est d'usage en pareil cas. « Mais, lui disait-elle, je suis déjà si inquiète pendant tes absences ordinaires ; je crains toujours que tu ne sois attaqué par quelque ours ; tes flèches ne te suffiraient pas pour te défendre contre un pareil animal ; tu peux rencontrer quelques serpents dans la forêt, ou t'égarer dans le désert ; je serai inquiète tant que durera ton absence ; et si quelque accident allait t'arriver, que deviendrais-je sans toi ? »

Cependant pour ne pas contrarier les projets de son fils, cette mère, qui était loin de les connaître, lui prépara des provisions pour deux ou trois jours. Le jeune homme fit semblant de prendre en plaisantant les craintes de sa mère, et lui promit que s'il réussissait, il lui amènerait vivant un beau gibier.

La famille s'étendit sur les fourneaux, qui servent de lit dans ce pays-là ; la mère dormit d'un sommeil très-léger, et le fils ne dormit pas du tout. Il voulait partir bien avant le jour, afin de faire dans la première journée le plus de chemin possible, avant que sa famille commençât les recherches et avertît les satellites de la frontière, qui se trouvaient à une vingtaine de lieues.

On était à la fin d'octobre; à trois heures du matin, le jeune homme prend sans bruit son arc, ses flèches, ses provisions, et sort de la maison paternelle; ce n'était pas avec la joie ordinaire du chasseur qui voit s'ouvrir une belle journée, et qui espère revenir le soir, faire part de son plaisir à sa famille, en lui racontant en détail les épisodes d'une chasse heureuse et brillante.

Il s'éloignait bien ému, les larmes aux yeux, en poussant de gros soupirs; mais il s'éloignait rapidement. A la faveur de la nuit, il gagne l'entrée du désert et se dirige résolument vers l'ouest. Il marchait très-vite; ayant à sa gauche la forêt impénétrable,

et à sa droite le désert qui s'étendait à perte
de vue. Pour ne pas s'y égarer, il suivait
ainsi les limites de la forêt et du désert. A
midi il avait fait quinze lieues, il s'assit
pour se reposer et prendre un peu de nour-
riture; mais il n'avait pas d'appétit; il ne
mangea que fort peu de chose, et essaya de
dormir à l'ombre de quelques arbustes. On
dort facilement quand on est triste; le soleil
s'inclinait déjà quand il se réveilla. Il était
trois heures, et il se remit en route pour
franchir les cinq lieues qui le séparaient
encore de la frontière. Il y arriva à l'entrée
de la nuit, et vit de loin les satellites allumer
leurs feux et prendre leurs précautions ordinaires pour intercepter le passage pendant
la nuit.

Le jeune homme se cacha dans la forêt
pour attendre que la nuit fût plus sombre, et
prendre son repas du soir dont il avait très-

grand besoin. Après ce repos et cette réfection, il sentit ses forces ranimées. Un peu avant minuit, il sort sans bruit, et s'approche avec les plus grandes précautions. Un soldat de garde le voit et appelle aux armes. Force fut au pauvre enfant de se cacher précipitamment dans la forêt. Il veut faire une seconde tentative sur un autre point qui lui semble plus retiré. Ici en effet, pas de sentinelle; mais deux énormes chiens gardent le passage et se jettent sur lui; l'enfant prend son couteau de chasse, et dans la lutte contre un de ces animaux, il le frappe au cœur et l'étend sans vie sur le sable. Aux cris des chiens les satellites accourent; et une seconde fois il faut se cacher dans le bois, bien plus avant que la première; car les soldats, aidés du chien qui restait vivant, commencent une battue. Comme il faisait froid, ces gardiens des frontières tenaient fort peu à passer une nuit blanche. Ils regagnèrent leur demeure au bout d'une demi-heure.

Une tentation terrible vint assaillir le pauvre enfant, qui se trouvait ainsi tout seul, mourant de froid et d'inquiétude.... « Si je revenais chez ma mère ! se dit-il.... Si je retournais, je ne courrais plus risque de perdre la vie dans les déserts, les forêts et les prisons de ces soldats.... Si je retournais, je calmerais l'inquiétude de ma mère, qui me pleure maintenant, qui me cherche et qui m'appelle..... Le trouble et le chagrin le plus profond est dans ma famille qui me croit perdu.... Et puis j'ai fait ce que j'ai pu... je ne puis passer.... » Le démon lui inspirait ces pensées, et lui exagérait les angoisses de sa mère, la colère de son père, les larmes de sa sœur. Il se sentait faiblir ; il allait revenir sur ses pas ; mais Dieu, qui le voyait, lui envoya cette pensée : « D'un autre côté si je meurs sans baptême, je suis perdu; j'ai pris la résolution de trouver le missionnaire; quelle belle chose si je pouvais l'introduire dans mon pays et procurer le baptême à ma famille! Essayons encore. »

Tout était rentré dans le calme, il était trois heures du matin. Il s'approche doucement d'un troisième point, où les feux semblaient presque éteints. Il aperçoit la sentinelle appuyée sur sa lance, dans l'attitude d'un homme à moitié endormi. Il n'est plus qu'à dix pas d'elle; le cœur lui battait bien vite. Malgré le peu de bruit qu'il faisait en marchant, le soldat se réveille, demande qui va-là, et veut s'opposer à son passage; mais il était encore à moitié endormi; l'enfant bondit comme un chevreuil, esquive la lance, renverse la sentinelle dans la rapidité de sa course, franchit la frontière et gagne le

désert de la Mongolie, bien autrement vaste
que celui qu'il venait de franchir.

Il avait couru longtemps pour se mettre à
l'abri de toute poursuite; quand il se vit en
sûreté, la fatigue l'emporta, et il s'endormit
profondément pendant plusieurs heures. Le
soleil était déjà levé depuis longtemps quand
il se réveilla. Ses provisions étaient presque
épuisées, il avait devant lui un désert dont
il ne savait pas l'étendue, qui touchait d'un
côté à la Mandchourie, et de l'autre à huit
cents ou mille lieues de là au Thibet.

Dans sa fuite de la nuit, il avait perdu
toute route tracée. Il se mit donc à chercher
quelqu'un qui put lui indiquer le chemin de
la Chine et de Pékin. Il marcha toute la
journée au hasard, sans savoir où il était,
et ne rencontra personne. Vers le soir, le
découragement allait le gagner, quand le
bon Dieu, qui voyait la droiture de son cœur,

vint à son secours. Il aperçut une caravane,
s'en approcha, ne sachant trop comment
l'aborder, car il reconnut de suite un mandarin de Séoul, qui aurait pu trouver extraor-
dinaire de rencontrer un de ses compatriotes
hors la frontière. Cependant il était décidé à
le suivre de près ou de loin. Une excellente
occasion se présenta de se faire bien accueil-
lir. Le mandarin, fatigué de voyager en pa-
lanquin, avait voulu monter un cheval fou-
gueux, qui ne manqua pas de le jeter bien
vite à terre, et qui, débarrassé de son cavalier, prenait librement ses ébats dans le
désert. Quelques esclaves le poursuivaient
depuis deux heures sans pouvoir s'en rendre
maîtres; et le mandarin, furieux de sa mésa-
venture, se préparait à faire fouetter ces
hommes, parce que son cheval courait plus
vite qu'eux. Le jeune Ni, accoutumé à lutter
dans la campagne contre les animaux et les

éléments , s'approcha doucement du bel et ombrageux animal, le flatta de la voix et du geste ; le cheval, les oreilles dressées, le regardait fixement et semblait ne pas être effrayé par l'approche d'un enfant. Quand celui-ci se vit à portée, par un mouvement rapide comme l'éclair il saisit la crinière du cheval et s'élança sur lui ; l'animal fit un bond et prit le galop ; mais il était trop tard : l'enfant s'accrochait à lui des pieds et des mains ; le cheval dévorait l'espace, et l'enfant se laissait emporter ; il finit par saisir la bride , et le noble animal, après s'être mille fois cabré, avoir mille fois bondi pour renverser son cavalier, s'avoua enfin vaincu et se laissa doucement reconduire à la caravane. On conçoit que le mandarin admit facilement à sa suite le courageux jeune homme.

Pendant huit jours il voyagea ainsi avec la caravane, s'informant de la route, de mille

détails et usages inconnus. Le soir on s'arrêtait dans quelque auberge. Plus d'une fois le
cœur si pur du jeune Ni se sentit révolté à
la vue des mœurs infâmes des païens ; mais
il sut toujours esquiver les sollicitations
mauvaises qui lui faisaient horreur.

Un soir, la troupe des païens était encore
plus hideuse qu'à l'ordinaire ; c'était un jour
de pleine lune, et l'on se préparait à rendre
à cet astre un culte superstitieux et idolâ-
trique. Au même moment, un jeune homme
qui semblait être de service à l'auberge,
s'esquivait adroitement dans l'obscurité : l'œil
perçant de Ni l'aperçut ; il y avait sur son
visage une expression que les païens n'ont
pas, mais qui était familière à Pierre Ishoës,
surtout dans sa maladie mortelle. Il y avait
bien une demi-heure que Ni l'avait remarqué,
lorsqu'il le vit se cacher dans l'obscurité et
faire en se retirant le signe de la croix. Plus

de doute, c'est un chrétien. Ni le suit doucement, le prend par le bras et lui dit à
l'oreille : « Vous êtes chrétien ? — Oui, répon-
dit-il, je le suis ; mais silence, nous sommes
entourés d'ennemis. Si vous voulez me parler
à l'aise, venez passer la nuit chez mon père,
à une demi-lieue dans la campagne. » Notre
jeune homme, au comble de la joie, ne se le
fit pas répéter. Il fut reçu comme un frère,
par la famille de François Ho, chef de cette
maison chrétienne. Il raconta ses aventures,
et ces bons chrétiens pleuraient de joie en
apprenant comment il avait quitté sa famille,
sa chaumière, son pays, pour découvrir un
missionnaire qui pût lui donner le baptême.

François Ho prit alors la parole et lui dit :
« Mon enfant, le missionnaire que vous
cherchez, vous cherche de son côté ; voici
trois ans qu'il tourne autour de vos frontières
sans pouvoir les franchir ; c'est Monseigneur

Barthélemy , vicaire apostolique de la Corée
Il a passé ici il y a huit jours ; il nous a donné
à son passage les sacrements que vous ne
connaissez pas encore ; sur cette table , il a
célébré les saints mystères , et nous sommes
heureux de lui avoir donné l'hospitalité pendant deux jours. Il est parti pour se rendre
sur les bords de la mer Jaune, où il espère
trouver une occasion de s'embarquer pour
entrer en Corée ; il est caché dans une chrétienté, au fond d'une forêt. Je vais vous
indiquer votre route, vous déguiser en
Chinois ; vous le rejoindrez si vous avez du
courage ; mais pour cela vous avez cent lieues
à faire.

Le lendemain matin, Ni laissait de côté
la caravane, et muni de quelques provisions,
déguisé en Chinois , porteur d'une lettre pour
l'évêque, il partait la joie dans le cœur ; sa
marche était si légère et si rapide, que le

chemin semblait fuir sous ses pas. Il suivait fidèlement la route indiquée ; mais dans ces solitudes, sa pensée se reportait souvent vers sa mère, qu'il voyait dans le désespoir, croyant son fils perdu pour toujours, le cherchant et l'appelant en vain dans les forêts profondes. Ces pensées le déchiraient ; mais il se disait : « Je reviendrai chrétien ; je l'instruirai ; j'instruirai ma sœur, ma sœur qui me pleure aussi comme mort ; peut-être j'introduirai un prêtre dans mon pays, et alors je procurerai par là le salut de bien des âmes. »

Au bout de huit jours, il était aux pieds de l'évêque Barthélemy.

Il lui raconta son histoire et le supplia de l'instruire pour le préparer au baptême. L'évêque, touché jusqu'aux larmes en voyant la foi et l'ardeur du néophyte, se sentit consolé et remis des fatigues extrêmes qu'il

souffrait depuis si longtemps pour arriver
enfin dans ce pays vers lequel tendaient tous
ses désirs et tous ses efforts. « Soyez béni,
mon enfant, lui dit-il ; Dieu a des desseins
sur vous. Je vous garde pendant l'hiver près
de moi, et quand vous serez instruit solide-
ment, au commencement du printemps, vous
retournerez dans votre pays, et nous ferons
nos conventions pour vous y rejoindre. »

L'instruction commença bientôt ; dans son
ardeur le néophyte retenait tout. Le jour de
l'Immaculée Conception il reçut le baptême ;
sa joie était indicible ; il y prit le nom de
Pierre, en mémoire de Pierre Ishoës, qui le
premier lui avait parlé du vrai Dieu. Le jour
de Noël fut un des plus beaux de sa vie ; il y
fit sa première communion, non pas dans
une grande église étincelante de lumières, en
plein jour, au milieu des cantiques de joie
éclatants de toute part, mais au milieu de la

nuit, dans une chapelle où l'on pouvait à peine se tenir debout, dans le silence des chrétiens qui veillaient au dehors pour n'être pas surpris par les satellites. Pierre ressemblait à un ange en recevant la visite de Dieu pour la première fois. A partir de ce moment il la reçut deux et trois fois par semaine, pour se préparer aux grands combats qui l'attendaient. Dès lors sa voix jusque là très-rude, son regard perçant et sévère prirent une expression de douceur qui le faisait aimer et respecter de tous. Il vivait parfaitement heureux dans cette chrétienté perdue sur les bords de la mer Jaune et dans les forêts du Léaotong.

Il ne perdait pas une minute de son temps. Il apprit pendant l'hiver le chinois qui diffère un peu du coréen, le français et un peu de latin. En outre il apprit à lire et à écrire, et par ses études son intelligence se développa admirablement : il se fit des idées justes de toutes choses. Quand approcha la fête de Pâques, l'évêque le prépara à la confirmamation. Il la reçut non sans émotion, ainsi que la sainte Eucharistie.

L'évêque lui dit qu'il était temps de repartir, et qu'il croyait pour le missionnaire l'entrée en Corée par mer plus facile que l'entrée par terre. Pierre, qui n'avait jamais vu la mer et qui habitait loin du rivage, n'était pas de cet avis ; en cela il se trompait. Mais il dit à l'évêque : « Monseigneur, il y a chaque année au mois d'août, un grand marché qui dure quinze jours, sur la frontière de Corée ; on peut alors communiquer avec les Chinois ; je m'y trouverai cette année, et voici le signe auquel on me reconnaîtra : je porterai pendu sur l'épaule gauche un mouchoir bleu et j'aurai une corde roulée autour du petit doigt. » L'évêque répondit qu'il s'y trouverait en personne, ou qu'il y enverrait un missionnaire que l'on pourrait reconnaître parce qu'il porterait sur la poitrine une boîte à thé de couleur rouge avec un mouchoir jaune et bleu à la main.

Ils s'embrassèrent en se séparant. L'enfant emporta la bénediction de l'évêque, avec ses trésors spirituels et quelque argent provenant de la Propagation de la foi, pour son immense voyage. Puis il prit joyeusement la route de son pays.

Pierre avait quatre cents lieues à faire avant de rejoindre la redoutable frontière de Corée ; mais il était si joyeux, qu'il ne pensait pas à la distance. « Je peux mourir en route, se disait-il, mais je suis chrétien ; je puis être arrêté à la frontière, mais j'irai au ciel et peut-être par le chemin du martyre. »

Il couchait tantôt à la belle étoile, et tantôt chez quelques familles chrétiennes que lui avait indiquées l'évêque. C'était alors un vrai repos pour lui. Il était en famille ; il ne souf-

frait pas de la faim ; il passait une bonne
nuit. La charité des chrétiens lui était si
douce, comparée à la dureté des païens !
Lui-même, vivant depuis plusieurs mois de
la vie de la grâce, et animé d'une charité ar-
dente, était tout changé physiquement. Ses
traits étaient devenus ceux d'un homme par
les fatigues du voyage, les souffrances, les
privations, l'austérité de son genre de vie ;
mais la splendeur de son âme se reflétait
dans son regard et sur tout son visage.

En passant il reprit chez François Ho son
costume coréen, son arc et ses flèches ;
mais il avait en outre un petit paquet de vêtements chinois qui devaient lui servir un
jour.

Il y avait déjà plus d'un mois qu'il marchait, faisant tous les jours de douze à quinze
lieues, lorsqu'il arriva aux frontières de son
pays. Il s'agissait de les franchir adroitement ;

car s'il était arrêté, il était passible de la peine de mort, rien que pour avoir quitté son pays et avoir passé quelques mois à l'étranger. C'était vers le milieu du mois de mai. Pierre se mit sous la protection de la sainte Vierge et de son bon ange, et attendit la nuit. Pour être plus agile dans sa course, il jeta son arc, ses flèches et son paquet, par-dessus le mur d'enceinte, à un endroit qu'il remarqua soigneusement, à peu près à mille pas du poste par lequel il allait tenter le passage. Il entendit ces objets tomber dans le fourré épais qui se trouvait de l'autre côté du mur.

Vers minuit, il saisit un moment où la lune était cachée par un gros nuage, et s'approche en rampant à terre avec le moins de bruit possible. Le soldat de garde l'aperçoit pourtant, mais fait semblant de dormir jusqu'au moment où voyant sa proie à portée,

il s'élance comme un tigre sur elle en appelant aux armes. Les soldats du poste
arrivent en hâte; voilà Pierre arrêté; mais
croyant que ce n'était qu'un enfant, on ne
réveille pas les chefs pour si peu de chose,
on se borne à l'enfermer jusqu'au matin dans
une espèce de chambre dont la porte était
loin d'être solide et dont la fenêtre n'était
pas très-haute. La porte était très-près du
poste, et il eût été difficile de la briser sans
attirer l'attention de la sentinelle qui montait
la garde devant elle, et même sans inquiéter
les soldats du poste; la fenêtre donnait du
côté opposé sur la forêt.

Pierre fit donc semblant d'être dans un
grand désespoir; il frappait du pied la porte,
cherchait à en arracher quelques morceaux,
comme s'il eût voulu sortir de force; il en
faisait assez pour occuper la sentinelle, et
tout à coup il monte sur la fenêtre sans

aucun bruit, bondit comme un chevreuil et gagne la forêt, pendant que la sentinelle, le croyant encore enfermé, se moquait des efforts qu'il faisait pour sortir. Son premier soin fut d'aller rechercher son arc et ses flèches qui l'avaient tant de fois empêché de mourir de faim ; il eut de la peine à les retrouver ; mais aux premiers rayons du soleil levant, il les aperçut, ainsi que son paquet de vêtements. Dans l'épaisseur de la forêt qui se couvrait de feuilles, il était en sûreté ; il n'avait plus que vingt lieues pour retrouver sa famille et sa chaumière ; mais le cœur lui battait bien fort, en pensant à la manière dont il serait reçu.

Le lendemain il approchait avec grande émotion de la maison paternelle, ne sachant comment y rentrer. Il était sur la lisière de la forêt, quand tout à coup il croit entendre des gémissements dans les bois. Il écoute, il s'approche, et reconnaît bientôt la voix de sa mère, qui disait en pleurant : « C'est ici que j'ai perdu sa trace ; jamais je ne le reverrai ; maintenant il est mort ou il est perdu, il est esclave ou prisonnier. » Alors écartant doucement les branches, il apparaît à sa mère, en disant : « Me voilà retrouvé, ma mère ; je vous demande pardon de la peine que je vous ai faite. »

Un ange serait descendu du ciel et aurait apparu à cette femme, que son saisissement n'aurait pas été plus grand. Après un instant de silence et de stupeur : « Est-ce bien toi ? » dit-elle. Elle ne pouvait en croire ses yeux. « Oui, ma mère, c'est bien moi, » répondit Pierre.

Cette pauvre femme, n'écoutant plus alors que l'amour maternel, se livre à toute l'effusion de sa joie ; elle couvre son fils de baisers et de larmes, sans pouvoir lui parler.

Quand elle fut un peu remise, elle finit par lui dire : « Qu'es-tu devenu ? d'où viens-tu ? pourquoi nous as-tu quittés ? »

Pierre répondit : « Je vous raconterai mon voyage, ma mère, mais le moment n'est pas encore venu. Je voulais sortir de notre pays et voyager à l'étranger.... Mais dites-moi comment se porte mon père, et ma sœur, et mon frère ? — Ils sont bien, lui dit sa mère ; j'ai cru que ta sœur ne se consolerait jamais de ton départ, et ton père est si fort en colère, qu'il ne faut pas rentrer tout de suite à la maison. Jusqu'à ce que je l'aie bien disposé, reste ici caché dans les bois ; je t'enverrai tous les jours, ou je t'apporterai moi-même tout ce qui te sera nécessaire. »

En rentrant chez elle, elle éclate en cris de joie : « J'ai retrouvé mon fils, mon fils est retrouvé ! »

Son mari la crut folle et ne voulait pas la
croire, cependant c'était bien vrai. « Qu'il
ne remette pas les pieds ici, dit-il dans sa
colère, je ne le regarde plus comme mon
fils ; non-seulement il peut être condamné
à mort, mais il nous a compromis nous-
mêmes. Je ne veux plus le voir, qu'il ne pa-
raisse pas devant moi ! » Le plus jeune fils,
prenant le parti du père, maudissait son
frère avec un sentiment de haine profonde.

Quand l'orage fut passé, et que la petite
sœur fut seule avec sa mère, elle lui dit :
« Où est donc mon frère ? ne pourrais-je pas
le voir ? » La mère lui répondit : » Il est
caché dans le bois ; il se retire dans une
grotte, au pied de la montagne que tu vois
d'ici. Va, mon enfant, porte à ton frère un
peu de riz et de lait, et quelques vêtements
dont il semble avoir bien besoin. »

L'enfant, alors âgée de douze ans, s'empressa d'aller rejoindre son frère qu'elle avait tant pleuré. En le revoyant elle lui témoigna la plus vive tendresse, elle pleura de joie ; et Pierre se disait en lui-même avec beaucoup d'émotion : « Oh ! si ma sœur pouvait être ma première conquête ! » Cependant, pour ne pas commettre d'imprudence, il ne lui dit encore rien de ce qu'il avait tant envie de lui dire. Sa sœur n'osa pas, malgré sa curiosité, l'interroger sur sa longue absence ; elle lui apprit seulement les mauvaises dispositions de son père et de son frère à son égard. En la congédiant, il lui témoigna beaucoup d'affection et lui recommanda de venir le voir souvent.

L'enfant revint en effet très-souvent, soit seule, soit avec sa mère, et toutes deux accablaient Pierre de questions, auxquelles pendant plusieurs jours il refusa de répondre, en disant que le temps n'était pas venu.

En se déclarant chrétien, il craignait d'ir-
riter sa mère contre lui et de tout perdre;
aussi cette pauvre femme finit-elle par se
tranquilliser, en se persuadant que son fils
en partant ainsi, avait fait un coup de tête
de jeune homme qui, s'ennuyant chez lui,
voulait absolument voir du pays et chercher
des aventures. Elle parlait en ce sens au
père et tachait de le faire consentir à recevoir son fils dans la maison paternelle.

Pierre de son côté, voyant l'intelligence de
sa sœur, son jugement droit, sa discrétion
et sa modestie, pensa que la pureté de son
cœur lui ferait accepter facilement la foi.
Après avoir donc beaucoup prié, il finit par
dire à sa sœur ce que Pierre Ishoës lui avait
appris en mourant, et lui enseigna aussitôt
à faire le signe de la croix. Il lui dit qu'il
avait résolu de partir pour connaître la vérité et chercher quelqu'un qui lui donnât

le baptême pour sauver son âme. Il lui raconta son voyage , comment il avait trouvé l'évêque , comment il avait reçu le baptême , comment enfin il avait passé l'hiver bien loin, bien loin , sur les bords d'une mer inconnue ; et sans plus tarder, il se mit à faire le catéchisme à sa sœur. L'âme de l'enfant s'ouvrait pour recevoir les lumières de la foi, comme au printemps les fleurs s'épanouissent aux premiers rayons du soleil. Elle écoutait son frère pendant des heures entières et semblait boire à la source de la vérité. Quand elle ne comprenait pas , elle l'interrogeait, et quand la leçon était donnée, elle emportait chez elle la vérité qu'elle avait apprise, et la méditait sans en rien dire à personne.

Un jour, c'était le dernier du mois de Marie, Pierre et sa sœur étaient assis sous un des plus beaux arbres de la forêt. Pierre avait promis à sa sœur que ce jour-là il lui raconterait la plus belle histoire du monde. Le temps était superbe, la forêt verdoyante était tout émaillée de fleurs et embaumée de leurs parfums, les oiseaux en grand nombre chantaient sur les arbres. Au milieu de ce tableau magnifique, Pierre raconta à sa sœur l'histoire de l'incarnation du Fils de Dieu; il lui raconta l'annonciation de l'Ange, l'histoire de la naissance du Sauveur, et lui parla de la sainte Vierge avec un tel amour et une telle simplicité, que sa petite sœur, tout hors d'elle-même, fondait en larmes; c'était le première fois qu'elle entendait parler de la Vierge Marie, et elle sentait qu'elle l'aimait par-dessus toutes les créatures.

Au milieu de ses sanglots, elle répétait : « Je suis chrétienne, je suis chrétienne, » et ne pouvait en dire davantage. Pierre bondissait de joie; tantôt il gardait le silence pour respecter et favoriser les premières émotions de sa sœur, tantôt il continuait doucement son enseignement. Quand l'enfant fut un peu remise, elle lui dit : « Si j'avais vu la sainte Vierge et l'Enfant Jésus, j'aurais fait comme toi, je serais partie pour les suivre, pour me mettre au service de l'Enfant Jésus, et je ne les aurais jamais quittés. Pierre lui dit : « Quand tu recevras le baptême, je t'appellerai Marie, comme moi j'ai pris le nom du chef des Apôtres, et même dès à présent je ne t'appellerai plus que Marie; rappelle-toi que je te donne ce nom au dernier jour du mois que les chrétiens consacrent à la Mère de Dieu comme le plus beau de l'année. Pour terminer la journée, je vais t'apprendre comment il faut la prier. »

Alors Pierre tira d'un livre une image de la sainte Vierge que l'évêque lui avait donnée;

il la plaça sur le tronc d'un arbre, l'entoura
de fleurs qu'il cueillit dans la forêt, et à
genoux, ainsi que sa sœur, devant l'image
bénie, il lui apprit l'*Ave Maria*, et pour la
première fois, du sein de ces forêts sauvages,
où jusque-là les oiseaux seuls louaient Dieu
par leurs chants, une prière chrétienne,
partie de deux cœurs très-purs, montait,
comme la fumée de l'encens, vers le trône
de la sainte Vierge.

La mère et sa fille firent tant sur le cœur
du père, qu'ils le décidèrent à recevoir son
fils et à lui pardonner. La mère vint toute
joyeuse lui annoncer cette bonne nouvelle et le ramena sous le toit paternel.
Pierre embrassa son père et lui demanda
pardon de toutes les inquiétudes qu'il lui
avait causées. Son père lui dit : « Oui, je te
pardonne pour cette fois ; mais as-tu fini de
nous jouer de pareils tours ? » Pierre répon-

dit que si jamais il quittait la famille, ce serait pour le plus grand bonheur de tout le monde. Il n'y eut plus que le plus jeune frère qui ne voulut ni embrasser Pierre ni même lui donner une poignée de main.

La mère ne tarda pas à s'apercevoir qu'un changement complet s'était opéré dans ses deux enfants. Elle avait retrouvé son fils, mais il était instruit, prévenant, soumis, plein de douceur et de sagesse : c'était déjà un homme de conseil.

Un jour elle dit à Pierre : « Tu es revenu tout changé de ton long voyage ; tu n'es plus comme auparavant. Tu es toujours joyeux quoi qu'il arrive, et tu as inspiré la même joie à ta sœur ; bien certainement tu lui as apporté quelque talisman qui fait qu'elle te ressemble et que vous êtes toujours du même avis. Tu lui as dit quelque chose que tu me caches ; tu as fait pendant ton absence quelque chose que tu ne veux pas me dire. Et puis pourquoi depuis que tu es rentré chez nous, ne veux-tu plus brûler les papiers sacrés et les bâtons de parfums en l'honneur des dieux de notre pays ; non-seulement tu ne le veux plus, mais chaque soir, au moment où nous devons être réunis pour rendre honneur à nos dieux, ta sœur a soin de s'en aller je ne sais où. Pourquoi tout ce changement ? »

Pierre, voyant qu'il avait pris beaucoup d'ascendant sur sa mère, crut le moment venu de lui dire ce qu'il était, et la prenant à part dans le plus grand secret, il lui apprit que sa sœur et lui étaient chrétiens, qu'il était parti pour aller chercher le missionnaire du grand Occident, qu'il l'avait trouvé, qu'il avait appris de lui la vérité et qu'il avait reçu le baptême.

La mère, qui n'y comprenait rien, se fit répéter et expliquer ce que c'était que d'être chrétien. Après une première notion simple et précise que lui donna Pierre, cette femme réfléchit profondément pendant quelques jours, puis elle dit à son fils : « Et moi aussi j'ai une âme à sauver, que faut-il faire pour cela? » Ses deux enfants à l'envi lui firent connaître alors le vrai Dieu, et ils gagnèrent avec des transports de joie l'âme de leur mère.

L'été s'avançait, on était au mois de juillet, et Pierre ne perdait pas de vue l'époque du marché sur la frontière. Il espérait profiter de cette occasion pour introduire son évêque; aussi pendant l'été il s'était procuré un costume de Coréen en deuil pour en revêtir l'évêque à la frontière. Les Coréens en deuil portent une espèce de bonnet en pain de sucre, qui leur cache entièrement le visage ; il n'y a que deux trous pour les yeux; ce qui est singulièrement propre à déguiser un Européen.

Il avait aussi, pendant l'hiver, tué quelques hermines et quelques chevreuils dont il devait vendre les fourrures au marché. Il faisait ainsi ses préparatifs en silence, n'ayant mis que sa sœur dans sa confidence. Cependant son père l'inquiétait. Depuis quelques jours il était sombre, triste, de mauvaise humeur. Il était plus instruit que sa femme et avait entendu parler des chrétiens. Il connaissait vaguement les persécutions suscitées contre eux, et il les avait en horreur, sans savoir pourquoi. Il voyait qu'il y avait dans sa famille un changement dont il ne se rendait pas compte, et ce changement l'inquiétait.

Son plus jeune fils, bien différent de l'aîné, était profondément perverti, plein d'orgueil, de méchanceté et de haine; il s'était fait bien venir de la famille de Minieusan, seigneur du pays; les fils de ce mandarin

aimaient à se faire guider dans les bois par
le jeune Ni, qui savait les flatter et les
amuser. Il apprenait par ces jeunes seigneurs
des nouvelles de la capitale, où l'on se flattait
d'avoir anéanti le nom chrétien. Il puisait
ainsi une haine implacable contre les servi-
teurs de Dieu. Un jour le malheureux enfant
dit à son père : « Il y a bien du changement
chez nous depuis quelque temps. — Oui,
répondit le père, et cela m'inquiète; je ne
sais ce qui se passe. — Oh! moi je le sais
bien, dit l'enfant. Je parie que mon frère a
vu des chrétiens pendant son absence. Il est
revenu chrétien; ma mère et ma sœur sont
chrétiennes. »

A cette déclaration le père pâlit de crainte
et de colère. Cette conversation se tenait
aux champs. Sans plus tarder, il rentre
chez lui, où il trouve sa femme, son fils
aîné et sa fille. » Je saurai la vérité, s'écria-

t-il : depuis longtemps vous négligez les usages du pays; on vous accuse d'être chrétiens; je veux savoir si c'est vrai. Brûlez ces papiers et ces parfums devant la divinité qui garde la maison. » Sa femme et sa fille dans leur effroi gardaient le silence. Mais Pierre, intrépide au moment de confesser Jésus-Christ pour la première fois, prit la parole : « Mon père, les divinités du pays sont des statues de bois et de pierre faites par la main des hommes. J'ai connu le vrai Dieu et le moyen de sauver mon âme; je l'ai fait connaître à ma mère et à ma sœur; je vous le ferai connaître à vous-même quand vous voudrez, afin que vous aussi vous puissiez sauver votre âme. Pour nous, nous sommes chrétiens et nous resterons chrétiens quoi qu'il arrive. »

La fureur du père était grande, il les accabla d'injures et de coups et les mit à la porte de la maison. Pierre conduisit sa mère et sa sœur à la grotte qu'il avait habitée lui-même ; pendant quinze jours il les nourrit de sa chasse, de quelques racines et des fruits sauvages de la forêt.

Au bout de quinze jours le père se dit : « C'est bien dur d'être tout seul ; mes repas ne sont plus préparés ; le ménage est négligé, tout retombe sur moi, et la société de mon jeune fils n'est guère consolante ; quelle différence entre lui et son frère ! Je ne vois plus ma fille, si douce et si prévenante ; je les ai chassés !.... Que m'ont-ils fait ? Je vais les voir ; je sais où ils sont, et il faut que je les ramène, car je ne peux plus vivre ainsi. »

Il les trouva assis dans la forêt ; ils semblaient tous trois rayonnants de joie, et aussitôt qu'ils l'aperçurent, ils coururent à lui pour lui faire bon accueil. Le père, tout honteux de lui-même et ne s'attendant pas à une pareille réception, ne savait quelle contenance tenir. Il prit le meilleur parti : il avoua qu'il avait eu tort, et dit qu'il venait les chercher et les prier de rentrer sous le toit paternel. Lui non plus n'y tint pas long-temps, et sans que personne lui fît de longues exhortations, la douceur des trois âmes qui l'entouraient gagna son cœur, et il fut le premier à demander à son fils le chemin de la vie.

Tous les matins la prière se faisait en commun, et tous les soirs après les travaux de la campagne, la famille Ni, assise sous un des plus beaux arbres de la forêt, écou-tait la leçon de catéchisme que faisait Pierre avec une ardeur, une foi, une charité qui passaient de son cœur dans celui de ses parents. Un seul membre de la famille man-quait à ces entretiens ; c'était le plus jeune fils, qui se séparait le plus qu'il pouvait, endurcissait son cœur et amassait tous les jours une haine qui devait éclater plus tard.

Le mois d'août était venu. Un soir Pierre dit à sa famille : « Je vais encore vous quitter pour quelques semaines ; mais cette fois je ne le fais pas en secret. Vous savez qu'un marché va s'ouvrir sur la frontière ; l'évêque doit s'y trouver, je vais le chercher lui ou le missionnaire qu'il envoie à sa place. Nous aurons l'honneur de le recevoir ; préparez lui ce que vous aurez de mieux à la maison ; c'est lui qui vous donnera le baptême et la première communion ; priez tous les jours pour que je puisse le trouver et l'amener ici.

Ce ne fut pas sans tristesse que la famille vit s'éloigner le jeune homme qui lui avait apporté le trésor de la foi ; tous les jours on pria pour lui ; Marie surtout récitait le rosaire du matin au soir pendant son travail.

Pierre, arrivé à la frontière avec ses vêtements coréens qu'il destinait au missionnaire, ses fourrures de chevreuils et d'hermines, s'attacha sur l'épaule gauche un mouchoir bleu, s'entoura le petit doigt d'une corde, signal auquel on devait le reconnaître, et se mêla dans la foule des marchands, avec l'air empressé de quelqu'un qui veut vendre ou acheter. Tantôt il s'arrêtait pour marchander une vache ; puis il en trouvait le prix trop élevé ; mais au lieu de faire attention à la qualité des objets qu'il faisait semblant de vouloir acheter, son regard perçant se promenait sur la foule, cherchant quelqu'un qui portât sur la poitrine une boîte à thé de couleur rouge et qui eût à la main un mouchoir jaune et bleu. La première journée il ne vit personne. Il était fort inquiet ; car il avait bien regardé ; et le soir, croyant avoir vu tout le monde, il se retira dans la campagne, triste et désolé, pour se livrer pendant la nuit à la prière. Le lendemain, mêmes recherches ; mais il s'aperçut qu'il attirait l'attention des soldats, parce qu'il avait marchandé beaucoup de choses sans rien acheter. En outre il n'avait plus de provisions ni d'argent, et il fallut vendre ses fourrures. Il traversa donc la foule en tous sens en criant et faisant valoir sa marchandise ; c'était une comédie ; il n'avait pas le cœur au commerce ; néanmoins il vendit ses fourrures pour ne pas mourir de faim ; et sur le soir un éclair de joie brilla dans ses yeux. Les soldats qui le regardaient, crurent que c'était la joie d'avoir vendu ses peaux de bêtes ; mais Pierre avait aperçu la fameuse boîte à thé sur la poitrine d'un homme et le mouchoir de convention à sa main. Ce n'était pas son évêque. Il le suit de près, lui demande tout haut combien il vend son thé, et lui dit tout bas : « C'est vous que je cherche. Votre thé est beaucoup trop cher. » Et puis tout bas : « A la tombée de la nuit, trouvez-vous sous ces grands arbres ; je suis chrétien. »

La nuit ne tarda pas à venir, et le chrétien se trouva au rendez-vous.

« L'évêque Barthélemy n'est donc pas venu? dit Pierre ; et vous qui êtes-vous? »

Le chrétien lui répond : « Je suis un chrétien de Mongolie, habitant sur les confins du désert. L'évêque est venu jusque dans ma maison, pour se rendre ici ; mais les fatigues de son long voyage l'ont rendu malade ; il est allé aussi loin qu'il a pu, et il est mort en route, de misère, de privation et presque de faim. Il m'a fait dire de vous annoncer qu'il ne pouvait pas aller jusqu'au bout ; un missionnaire est en route ; mais voyant qu'il n'arriverait pas avant la fin du marché, il se dirige maintenant vers les bords de la mer Jaune, dans la chrétienté où vous avez passé l'hiver; il doit acheter une jonque chinoise, pour tenter l'entrée en Corée par mer. Mais il attend qu'un Coréen puisse lui servir de guide et le recevoir à son débarquement. On pourra reconnaître la jonque à la grande croix qu'elle doit porter au haut du grand mat. D'ici plusieurs mois, le missionnaire sera encore sur les bords de la mer Jaune et administrera les chrétientés du Léaotong. »

La foudre serait tombée aux pieds de Pierre, qu'il n'aurait pas été plus atterré que par cette nouvelle. Son évêque était mort; le missionnaire encore arrêté sur les côtes; et lui, sans expérience de la mer, ne voyait aucun moyen d'aller à son secours! Il était là, dans l'attitude du découragement le plus complet : la tête tombant sur la poitrine, les yeux fixés à terre, gardant un morne silence. La nuit s'avançait ; ils prièrent ensemble ; mais aucune lumière, aucune inspiration ne venait dissiper les ténèbres de son esprit. Dieu voulait lui faire voir que les hommes ne peuvent rien sans lui et que c'est lui-même qui fait son œuvre.

Avant de se séparer, le chrétien mongol lui dit : « Jusqu'ici les missionnaires n'ont pu réussir à entrer par terre en Corée ; aussi je vous engage à tourner vos vues du côté de la mer ; faites-vous pêcheur ; veillez sur les côtes ; voici, de la part de la Propagation de la Foi, une somme qui vous aidera à acheter une jonque, ou à payer votre passage sur quelque navire, afin d'aller chercher le missionnaire qui vous attend sur les bords de la mer Jaune. Je vous conseille aussi de faire un voyage à Séoul, afin d'y decouvrir les familles chrétiennes qui l'habitent et que vous ne connaissez pas. Concertez vos projets avec elles; prenez leurs conseils sur les moyens d'introduire le missionnaire. »

Puis ils s'embrassèrent et se séparèrent en recommandant l'entreprise à l'ange de l'Eglise de Corée. Pierre revint chez lui; il rencontra sa famille qui venait au-devant de lui, et qui avait tout préparé pour recevoir de son mieux son évêque. « L'évêque est mort! » dit Pierre; et il fondit en larmes, ce qui le soulagea un peu. Les épreuves n'étaient pas finies.

IV

Pierre s'aperçut qu'une tristesse profonde
régnait dans toute la famille. Il l'attribua
d'abord à son insuccès; mais il ne tarda pas
à comprendre qu'il y avait un autre motif de
chagrin. Il le demanda à son père, qui lui
dit après quelque hésitation : « Nous sommes
trahis par ton frère. Le mandarin Minieusan
sait par lui que nous voulons être chrétiens
et recevoir le baptême; il est venu en personne à la maison, nous a accablés d'injures
et de menaces, puis est reparti pour Séoul
en nous disant qu'il reviendrait et que les

chrétiens n'avaient à attendre que les plus cruels supplices. Ton frère nous a abandonnés ; il ne quitte plus la maison du mandarin. »

Cette nouvelle, loin d'abattre Pierre, releva son courage et fut pour lui une lumière d'en haut. Ses yeux se ranimèrent ; et il dit avec une assurance qui inspira confiance à la famille : « Faisons en secret nos préparatifs et partons cette nuit. L'évêque Barthélemy m'a souvent parlé d'une montagne qui domine la mer et qui est située dans le nord de la Corée à l'extrémité de la province du Kiengksong. Il paraît qu'il y a sur cette montagne quelques familles chrétiennes qui s'y sont réfugiées ; nous nous entendrons avec elles ; je chasserai dans les bois qui couvrent une partie de la montagne ; nous pêcherons sur les côtes, et nous tâcherons de cultiver un petit coin de terre sur le flanc

de la montagne exposé au midi. Nous vi-
vrons ainsi, et c'est, je pense, par là que
viendra le missionnaire. »

Le départ s'effectua pendant la nuit en
grand silence. La famille était triste en aban-
donnant la chaumière et les bois où elle avait
si longtemps habité ; et la voilà au milieu
de la nuit se dirigeant vers un pays inconnu;
on aurait dit la sainte Famille en fuite.
Quand elle fut arrivée, après mille fatigues,
à la montagne indiquée, on commença par
se cacher dans les bois ; puis le soir, Pierre
allait sans bruit auprès des chaumières des
pêcheurs, ou de ceux qui cultivaient à grande
peine la montagne aride. Il écoutait et cherchait à entendre ce qui se disait et ce qui se
faisait. Un soir qu'il rôdait ainsi autour d'une
pauvre hutte, il entendit réciter l'*Ave Maria ;* la famille qui l'habitait disait en commun le rosaire. Pierre frappa doucement à

la porte, se fit connaître comme chrétien,
acheva le rosaire avec ces braves gens, s'in-
forma des familles chrétiennes du voisinage,
et il apprit qu'il y en avait plusieurs réfugiées sur la montagne depuis les dernières
persécutions, que tout était disposé pour
recevoir le missionnaire et qu'il serait facile
de le conduire à Séoul quand il serait arrivé :
ces pauvres chrétiens le désiraient avec im-
patience; mais pas un d'entre eux n'avait
le courage de sortir du pays, d'affronter les
fatigues du voyage, ni d'encourir la peine
de mort en allant le chercher.

Pierre fit connaissance avec plusieurs familles. On lui vint en aide pour bâtir une
chaumière, et l'on fournit à ses parents les
choses nécessaires à leur installation. Ils
furent reçus par tous comme des frères.
Pierre acheta une barque de pêcheur. Tous
les jours il s'exerça à la manœuvrer, même

quand la mer était mauvaise ; mais il se disait : « Comment ferai-je cinq cents ou six cents lieues dans cette barque pour aller sur les bords de la mer Jaune ? l'entreprise est impossible ; ce serait vouloir me perdre et tout compromettre. »

Tous les jours son regard d'aigle plongeait sur l'immense étendue de la mer et tâchait de découvrir une jonque chinoise portant une croix à son grand mât. Souvent, quand il faisait beau temps, laissant à son père le soin de la pêche et de la barque, il gravissait la montagne en chassant soit les perdrix, soit les coqs de bruyère , soit le lièvre, et il ne manquait jamais de passer par un certain endroit dégarni d'arbres et situé à une très-grande élévation. Le point de vue y était splendide : de là on découvrait, dans le nord, une partie de la Mantchourie , et dans l'est, une partie considérable de la mer de Corée.

Un jour, par un beau soleil d'automne (on était au mois de novembre), Pierre récitait son rosaire pour l'Eglise de Corée, sur ce plateau élevé, et il suppliait la sainte Vierge de lui procurer les moyens d'aller chercher le missionnaire. A peine sa prière était-elle finie, qu'à l'horizon, aussi loin que sa vue pouvait s'étendre sur l'Océan, il voit une traînée de fumée noire. Il crut d'abord qu'un navire avait pris feu ; mais il n'apercevait pas de flamme, et la fumée s'approchait toujours du rivage. Il ne savait ce que ce pouvait être, et se perdait en conjectures. Au bout d'une demi-heure d'observation, il distingua nettement un navire immense, comme il n'en avait jamais vu ; il était encore à trois lieues du rivage et s'avançait avec la rapidité d'un cheval au galop. C'était une frégate française que Pierre reconnut à son drapeau ; car l'évêque lui avait fait connaître le pavillon français. La frégate avait une mission scientifique et faisait un voyage autour du monde. Le capitaine, ne connaissant qu'imparfaitement les écueils de ces mers dangereuses, éteignit ses feux à deux lieues du rivage, jeta l'ancre, et envoya la grande chaloupe bien armée renouveler à terre sa provision d'eau et de bois. La vue du navire étranger éveilla l'attention et les craintes des gardes-côtes, nommés sagouins; des barques païennes se croisaient sur le rivage portant partout l'alarme, et les postes furent doublés en un instant.

Pierre, du haut de son observatoire, vit tout ce mouvement. Jamais il ne se sentit plus heureux de savoir le français, en voyant s'avancer la chaloupe. Il descendit de la montagne en bondissant comme un chevreuil, mais il fut assez prudent pour n'attirer nullement l'attention des sagouins.

Ceux-ci se décidèrent à barrer le passage
pour empêcher les étrangers de mettre pied
à terre : deux jonques coréennes, montées
par les premiers sagouins du pays, vinrent
en grande cérémonie demander à l'officier
commandant la chaloupe, compte de sa mission. Il répondit qu'il allait à terre prendre
de l'eau et du bois. De la frégate, le capitaine, au moyen d'une lunette, observait tout
ce qui se passait; et connaissant la cruauté
de ce peuple, il voulut effrayer les sagouins
et assurer aux gens de son équipage la li-
berté de faire facilement leurs provisions. Il
fit donc charger deux canons et envoya
deux boulets dans le bois de sapins de la
montagne. Les deux boulets, à deux lieues de
distance, coupèrent par le milieu du tronc
deux sapins énormes. A cette vue, et en en-
tendant le bruit majestueux du canon qui
grondait sur la surface de la mer, les

sagouins crurent prudent de se retirer.

Les gens de la chaloupe commencèrent
par prendre de l'eau ; c'était le plus pressé ;
et comme la nuit venait, ils remirent au
lendemain la provision de bois. Au moment
où ils repartaient, Pierre, déguisé en chinois pour ne pas être reconnu des sagouins,
supplia l'officier de le conduire à bord de la
frégate, ce qui lui fut accordé aussitôt. Au
bout d'une heure, Pierre conjurait avec
larmes le capitaine de le conduire sur les
bords de la mer Jaune, pour le plus grand
bien de la mission.

Le capitaine et deux officiers de l'équipage
faisaient partie de la société de Saint-Vincent
de Paul ; ils appartenaient, l'un à la confé-
rence de Brest, les autres à celle de Toulon.
C'est assez dire que le capitaine consentit
avec joie à prendre Pierre à son bord, et lui
promit de le déposer sur les côtes de la

Chine, le plus près possible du point où il avait affaire.

Le lendemain, une autre partie de l'équipage, guidée par Pierre, se dirigeait vers la forêt qui couronnait la montagne. Sur l'avis de Pierre, le capitaine changea de position et s'approcha un peu du rivage afin de protéger toujours de son canon les gens de la chaloupe. Pendant la journée, Pierre fit ses préparatifs de départ, dit adieu à sa famille, et recommanda à son père d'aller tous les jours en mer quand il n'y aurait pas de danger, afin de reconnaître à la croix du grand mât la jonque qui le ramènerait. Il donna aussi ce signal à sa sœur, prit un paquet de vêtements chinois et coréens, recommanda à son père de ne venir les prendre lui et le missionnaire que pendant la nuit, s'il les voyait arriver; puis il repartit avec les Français et remonta à bord de la frégate.

Le lendemain matin, il fallut gagner les régions du midi et tourner autour de la Corée. Le soleil se leva sans nuage. Une brise du nord souffla vivement. Pour en profiter, le capitaine commanda de lever les ancres et de hisser les voiles. Pierre voyait toute cette manœuvre avec un étonnement qui ne peut se décrire; il ne soupçonnait pas la grandeur et le poids de ces ancres de fer qui s'élevaient lentement sous l'effort du cabestan; puis, levant les yeux, il vit sur toute la mâture une montagne de toile blanche qui se gonflait sous la brise; la belle frégate, si légère et si obéissante, s'inclinait sous l'effort du vent et commençait à fendre les flots qui écumaient à l'avant. Puis son mouvement devint plus rapide, et puis plus rapide encore; toutes ses ailes blanches étaient déployées; elle marchait à toute vapeur, volait sur les flots, et laissait derrière elle un sillage plein d'écume qui se prolongeait à une distance considérable. Pierre n'en revenait pas, surtout quand on lui dit, vingt-quatre heures après son départ, qu'il était à plus de cent lieues de son pays.

On était parti un samedi matin; le soir, au coucher du soleil, l'aumônier de la frégate fit connaissance avec Pierre et ne fut pas peu étonné de l'entendre parler français. Pierre, n'ayant jamais vu de soutane, ne savait pas que c'était un prêtre; mais le capitaine arriva pendant leur entretien. L'aumônier lui dit : « Capitaine, c'est demain dimanche ; que dites-vous du temps? qu'augurez-vous du coucher du soleil?

— Suivant toute apparence, dit le capitaine, il fera beau; et si la brise tombe un peu demain matin, vous pourrez facilement dire la messe.

— Comment! s'écria Pierre, la messe!

la messe! vous êtes donc prêtre? Oh! que je m'y attendais peu! Avoir demain la messe, moi qui en suis privé depuis huit mois!... Je vous prie, mon père, de me confesser; je suis chrétien, et j'ai fait souvent la sainte communion l'hiver dernier; mais c'était en secret, au milieu de la nuit, dans les chaumières des chrétiens qui habitent les bords de la mer. »

Pierre se prépara longuement; il cherchait ses péchés et n'en trouvait pas un seul. En effet, depuis huit mois il n'avait eu qu'une pensée : introduire le missionnaire. Je ne sais si le prêtre trouva matière à absolution ; mais, quoi qu'il en soit, le lendemain dimanche, à huit heures du matin, l'équipage, en grand uniforme, était rangé dans la batterie. L'autel était dressé et orné comme on l'avait pu faire. Le vent s'était calmé, et le mouvement de la machine

fut modéré ; la frégate marchait, mais si doucement, qu'elle semblait immobile, comme
si elle eût respecté les saints mystères qui
s'accomplissaient sur elle. Au moment de la
consécration, la voix du capitaine se fit entendre, il commanda le feu ; et quatre coups
de canon rendirent honneur à Celui qui appelle la tempête et qui calme à sa volonté
les flots agités de la mer.

Pierre pleurait de joie ; il communia
comme un ange, à la stupéfaction de l'équipage, dont tous les hommes n'étaient pas
bons chrétiens ; mais il ne fut pas seul à
communier : un vieux matelot, qui avait
couru toutes les mers, communia avec lui.

Pierre, malgré son recueillement et sa
joie, avait remarqué parmi les mousses un
enfant de quatorze ans qui priait avec ferveur, tandis que les autres n'avaient assisté
au saint sacrifice que parce qu'ils y étaient

obligés. Dans l'après-midi, le temps étant magnifique, presque tout l'équipage était de de loisir. Pierre entraîna doucement le mousse dans l'entrepont; et, cachés tous deux derrière un canon, ils lièrent promptement connaissance. L'enfant s'appelait Dominique. Il dit au jeune Coréen : « Je suis de Bretagne, de Saint-Pol-de-Léon; j'ai perdu mon père et ma mère, et je suis tombé entre les mains d'un oncle bien dur qui, pour se débarrasser de moi, m'a engagé malgré moi dans la marine. Quand je partis, un an après ma première communion, je pleurais, en quittant mon village, les landes où j'avais passé mon enfance, et surtout mon clocher, et le curé de ma paroisse, que j'aimais tant et qui pleurait aussi en me donnant sa bénédiction au moment du départ. Il croyait que j'allais perdre mon âme; et il me dit en me quittant :

« Dominique, garde bien ce que tu as ; je
ne crois pas que tu aies jamais commis de
péché mortel ; prie tous les jours la sainte
Vierge pour qu'elle te conserve. » Il avait
bien raison de craindre ; car si j'ai résisté
jusqu'à présent, je crois que je ne pourrai
plus persévérer longtemps, tant j'ai à souf-
frir de l'équipage. Je me damnerai si je reste
ici. Le capitaine est bien bon ; mais il ne sait
pas ce qui se passe. Notre aumônier n'est pas
libre et craint de s'attirer la haine de l'équipage s'il fait des observations. Je vois bien
que vous vous n'avez peur de rien et que
vous êtes un saint ; j'ai bien envie de rester
en Chine avec vous ; nous conduirons à nous
deux le missionnaire en Corée. Je connais la
manœuvre ; un officier de Brest, qui était bien
pieux et qui m'avait pris en affection, m'a
enseigné les mathématiques, et m'a donné
une boîte d'instruments précieux, un livre et

une bonne lunette : avec ce qu'il m'a appris ,
je suis capable de faire mon point et de me
reconnaître en mer. »

Pierre tout ému lui répondit : « Après
toutes les bontés du capitaine pour moi, je
ne puis vous enlever à son équipage, ni le
jeter dans l'inquiétude. Je ne puis pas prendre
sur moi de vous donner un pareil conseil ;
cependant, avant tout, il faut sauver votre
âme ; allez trouver votre confesseur. »

Il était encore bien plus impossible à l'aumônier qu'à Pierre de donner à l'enfant le
conseil de déserter. Dominique lui parla de
son projet en confession ; il était sûr que son
secret serait gardé ; mais il ne fut pas satis-
fait de la solution.

La nuit venue : il se coucha en même
temps que les autres, fit sa prière dans son
hamac, mais ne dormit guère. Il avait entendu dire que si le beau temps continuait,

dans trois jours on serait arrivé; il fallait donc prendre une décision. Pendant la nuit le vieux marin devait être de quart, de minuit à quatre heures. A minuit tout le monde dormait, excepté Dominique, qui se lève doucement, va sur le pont, où, par un beau clair de lune, le vieux marin veillait sur la marche de la frégate. Dominique s'approche et lui dit en tremblant :

« Père Legris, j'ai quelque chose à vous dire.

— Dis, mon garçon, répond l'autre; ce n'est pas la première fois que tu me fais tes confidences et que je te console; qu'est-ce qui t'est arrivé de fâcheux aujourd'hui?

— Il ne m'est rien arrivé; mais j'ai peur de ne pouvoir plus y tenir longtemps. Je ne suis pas de votre trempe, père Legris; et quand je vous ai vu communier ce matin avec cet intrépide Coréen, je me suis reproché toute la journée de n'avoir pas eu le courage de le faire devant les autres.

— Eh bien! mousse, tu as été lâche, tu as eu tort; mais où veux-tu en venir?

— Je veux dire, répond Dominique, que nous avons maintenant le cap sur la Chine et que j'ai bien envie de rester là quand la frégate virera de bord. Elle n'a pas besoin de moi pour appareiller.

— Eh! qu'est-ce que tu feras en Chine, mon garçon? les Chinois te mangeront d'une bouchée; ils sont encore plus méchants que nous.

— J'irai avec Pierre, répond Dominique; je ferai comme lui, et je l'aiderai à conduire le missionnaire chez lui, par terre ou par mer.

— Ah! fit le vieux chrétien, voilà du nouveau, ça demande réflexion. Je vas y penser pendant mon quart, et je te rendrai réponse à quatre heures du matin. Va te coucher, mon garçon. »

Dans la solitude et le silence, le marin pria avec ferveur. Puis il pensait à tous les jeunes gens qu'il avait vus se perdre, tomber en enfer, en mourant sans sacrement après leurs crimes et leurs infamies ; il croyait aussi que sans miracle l'âme de l'enfant était perdue ; il savait, du reste, que personne ne le pleurerait en France. Donc, après son quart, il alla trouver l'enfant qui l'attendait, et lui dit tout bas :

« Sais-tu que pour un mousse tu es embarrassant ; si je te donne un conseil, moi je suis capable de passer au conseil de guerre, ce qui ne serait pas du tout plaisant à mon âge. Cependant il faut sauver ton âme ; et à ta place je resterais en Chine, si c'est pour travailler toute ta vie avec les missionnaires. Ne dis pas que c'est moi qui t'ai dit cela.

— Merci, père Legris, soyez tranquille. »

Deux jours après, le matelot, du haut du grand mât, cria : « Terre ! terre ! »

Dominique s'approcha de Pierre et lui dit :

« Est-ce le pays que vous cherchez ? »

Les deux jeunes gens montèrent aux hunes, et au bout de quelques heures, Pierre reconnut le petit village chrétien où il avait été instruit. Dominique regardait de tous ses yeux ; il se fit bien indiquer la maison qui servait de chapelle, et dit tout bas à Pierre, en descendant sur le pont :

« Je m'y trouverai ce soir ou demain. »

Pierre remercia avec effusion le capitaine de ce qu'il avait fait pour lui et pour la mission.

La nuit vint ; il s'éleva un brouillard, et les gardiens des côtes ne s'aperçurent pas de la présence d'un navire étranger. Pierre pria de le mettre à terre pendant la nuit ; il descendit dans un canot manœuvré par quelques matelots. Dominique aida à mettre dans le canot le léger bagage de Pierre ; et à la faveur de la nuit, personne ne s'aperçut qu'il restait blotti au fond du canot. On le prit pour un paquet, et on ne dit rien.

Arrivé à terre dans le plus grand silence, Dominique s'esquiva au milieu du brouillard. Pierre remercia les matelots, prit son paquet et s'enfonça dans l'intérieur des terres.

Le lendemain matin, aux premiers rayons du jour, on trouva sur le pont du navire une lettre adressée au capitaine ; on la lui porta ; elle était ainsi conçue :

« Capitaine, je suis fâché de la peine que je vous cause ; mais je perdais mon âme si je restais à bord. J'ai passé à terre pendant la nuit, sans être vu ; je m'attache au service des missionnaires. Ce n'est pas M. l'aumônier de la frégate qui m'a donné ce conseil ; ce n'est pas non plus le Coréen qui était à bord. J'en prends la responsabilité. Inutile de me faire chercher ; je suis caché dans les bois, où je défie de me trouver. Adieu, capitaine, merci de vos bontés pour moi.

« DOMINIQUE, ancien mousse. »

Le capitaine fut extrêmement contrarié de cette lettre et surtout de cette désertion. Mais que faire ? Il savait bien que Dominique suivrait tous les mouvements de la frégate et de ses canots, et qu'il serait impossible de retrouver sa trace. Cependant il retarda son départ de vingt-quatre heures, et pour l'acquit de sa conscience, il envoya à terre une chaloupe bien armée et montée par plusieurs hommes qui devaient faire une tournée dans la forêt, puis une autre au village chrétien, pour tâcher de retrouver Pierre.

La première troupe ne rencontra aucune trace du déserteur; les hommes de la seconde rencontrèrent Pierre, qui leur affirma qu'il n'avait pas vu Dominique. Celui-ci, en effet, se tenait caché dans les bois, en voyant que la frégate ne partait pas. Quand il l'eut vu partir, il resta encore caché jusqu'à la nuit, car il portait les vêtements européens. La nuit venue, il se rendit au village, où il trouva Pierre concertant avec le missionnaire leur prochain départ. Ils furent heureux de se retrouver; et l'on convint qu'il fallait louer une jonque, sur laquelle on partirait le lendemain de Noël.

Le jour de Noël fut un sujet de grande joie pour Pierre : c'était l'anniversaire de sa première communion. Le prêtre entendit beaucoup de confessions les jours précédents : des chrétiens venaient de vingt, trente et quarante lieues pour s'approcher des sacrements ce jour-là. Les saints mystères furent célébrés à minuit, dans la chaumière qui servait de chapelle, et l'on entendait dans la forêt voisine les hurlements des loups et des ours que le froid faisait descendre des montagnes.

Le jour du départ venu, les quatre Chinois qui composaient l'équipage de la jonque trouvèrent qu'il faisait beaucoup trop froid pour partir. Il fut impossible de les décider à lever l'ancre. C'étaient des gens extraordinairement paresseux et qui n'étaient touchés que par l'appât du gain. Ils firent ainsi traîner le départ en longueur jusqu'à la fin de janvier, et ne se décidèrent à mettre à la voile qu'après avoir obtenu le double du prix convenu d'abord, et s'en être fait payer la moitié d'avance. Le missionnaire, Pierre et Dominique comprirent qu'en mer il fallait se faire craindre d'eux pour être maîtres de la

manœuvre. Aussi, à peine fut-on en mer,
que le missionnaire déclara à l'équipage que
Dominique serait au gouvernail et qu'il fallait lui obéir. Celui-ci se posa comme savant
avec sa boîte d'instruments, sa lunette et
une carte des mers de la Chine ; et imitant
son ancien capitaine, il prit un ton de com-
mandement bref et précis auquel il était
difficile de résister. Pierre traduisait ses paroles, car Dominique ne savait pas le chinois ; au reste, il avait peu de chose à dire,
puisqu'il tenait le gouvernail ; et bientôt il fut
en état de commander en chinois. L'équipage
murmura d'abord ; mais il fut intimidé par
l'adresse de Pierre, qui perça de ses flèches
trois ou quatre oiseaux de mer à une grande
distance ; et ces hommes sans énergie se
laissaient entièrement dominer par trois
étrangers.

En sortant de la mer Jaune pour entrer

dans la mer de Corée, un vent violent souffla du sud et fit présager la tempête. Le
patron de la barque avec tout son équipage
voulut se rapprocher des côtes, car il avait
peur. Pierre, sans expérience des dangers
sur mer, était aussi de cet avis; mais le
missionnaire et Dominique, qui ne quittait
le gouvernail ni jour ni nuit, furent d'un
avis tout contraire; et au lieu de se diriger
à l'ouest pour chercher un abri sur la côte,
Dominique, qui avait besoin de toutes ses
forces pour maintenir la barre du gouvernail, gagna le large et se dirigea tout
droit vers la mer du Japon. L'équipage
murmurait hautement; il était prêt à se
révolter; heureusement que deux des quatre
hommes furent saisis d'un tel mal de mer
qu'ils étaient réduits à l'impuissance et à
l'indifférence la plus complète. Il fallut que
le missionnaire expliquât à Pierre que, ne

connaissant pas les écueils et les bancs de sable qui se trouvent près de la côte, il y avait bien plus de danger pendant la tempête à être près du rivage qu'en pleine mer.

Quant à Dominique, occupé tout entier de corps et d'esprit à lutter contre les vents et la mer, il n'expliquait rien et ne faisait que commander; mais l'équipage abattu et irrité à la fois finissant par ne plus lui obéir, il fallut que le prêtre et Pierre fissent le métier de matelot. Quand on fut au large et à l'abri des écueils, Dominique, confiant le gouvernail au missionnaire, monta avec Pierre comme un écureuil dans les cordages, pour plier les voiles, malgré la violence de la tempête et le mouvement de la jonque. Pendant huit jours on se laissa ballotter par la mer; on ne voyait que le ciel couvert de nuages et les eaux écumantes s'élevant parfois comme une montagne au sommet de laquelle se trouvait la jonque; puis, un instant après, il semblait qu'on tombât dans un abîme et qu'on se trouvât au fond de la mer. Les lames déferlaient avec fureur par-dessus le pont et balayaient tout ce qu'elles rencontraient. Pierre et Dominique s'attachaient alors mutuellement auprès du gouvernail, pour n'être pas enlevés par les vagues. Le vent hurlait dans les cordages; il fut bientôt impossible de gouverner; les quatre Chinois étaient littéralement anéantis; on ne savait plus où l'on était. Le prêtre, Pierre et Dominique priaient constamment.

Enfin, au bout de huit jours, la tourmente s'apaisa. Pendant la nuit, au moment où ils récitaient le rosaire, l'étoile polaire apparut au milieu des nuages.

Les trois chrétiens saluèrent la sainte Vierge en chantant l'*Ave maris stella;* et le lendemain un rayon de soleil brilla pendant deux heures. Dominique court à son livre précieux, à ses instruments et à sa lunette; après bien du travail, il annonça que l'on était à trois cents lieues du point de la Corée vers lequel on devait se diriger.

Le temps était devenu magnifique, mais le vent contraire; il fallut pendant plusieurs jours lutter beaucoup pour faire peu de chemin.

Enfin on arriva en vue de la montagne au pied de laquelle habitait la famille Ni. Tous les jours de beau temps, le père allait à la pêche et tâchait de découvrir la jonque surmontée d'une croix; tous les jours Marie gravissait la montagne et allait prier pendant plusieurs heures à l'endroit d'où l'on pouvait découvrir une grande étendue de la mer.

Le jour où la jonque apparut, Marie, de son observatoire, fut la première à l'apercevoir. Elle voyait bien que ce navire plus grand que les autres venait de loin ; mais il était encore presque à perte de vue, et l'on ne pouvait rien distinguer nettement. De la côte on ne l'apercevait pas. Cependant il approchait ; et le soleil qui se couchait jetait des flots de lumière sur les voiles et la mâture. A force de regarder, Marie voit au bout du grand mât une grande croix éclairée par le soleil. Elle descend de la montagne avec la rapidité d'une flèche ; elle annonce la grande nouvelle à sa mère et à son père : « Mon frère vient ! s'écrie-elle, mon frère vient ! J'ai vu la croix sur le navire. Permettez-moi, mon père, de m'embarquer avec vous pour aller au-devant de lui. » Il fallut lui imposer silence; car ses cris de joie auraient pu faire savoir aux sagouins l'arrivée d'un navire de Chine.

Le père plein de joie dit à Marie qu'il valait mieux rester avec sa mère, préparer ce qui était nécessaire pour reposer les voyageurs; et à la nuit tombante, il monta dans une barque comme pour aller à la pêche.

La jonque jeta l'ancre à trois lieues de la terre, et le père Ni, qui ramait tout seul, eut bien de la peine à l'atteindre avant trois heures du matin. Pierre ne le voyait pas venir; cependant il l'attendait, persuadé que sa sœur ou sa mère aurait aperçu la croix au coucher du soleil. Quand le vieillard fut à bord de la jonque, Pierre se jeta à son col. « J'ai le missionnaire, dit-il, la partie est gagnée. » Le vieux père se prosterna aux pieds du prêtre, qui lui donna sa bénédiction. Le danger était oublié; on ne ressentait plus de fatigue; les Chinois étaient déjà payés, les paquets tout faits, le missionnaire, Pierre et Dominique habillés en Coréens.

On sauta dans le canot, et Pierre voyant la sueur et les larmes de joie qui coulaient sur les joues de son père, lui fit un lit au fond du canot, le couvrit de tout ce qu'il put trouver, afin qu'il ne fût pas saisi par le froid de la nuit; puis Dominique et lui s'emparèrent des rames, et avec la vigueur que donne la joie, on arriva à terre avant le point du jour.

On ne saurait dire les prévenances, le respect, la charité avec lesquels fut reçu le pauvre missionnaire qui tournait depuis plusieurs années autour de cette terre infidèle.

Pierre conta à ses parents l'histoire de Dominique, qui fut aussi reçu comme un enfant de la maison. Sa gaîté et son enjouement charmaient ces pauvres chrétiens et amusaient le missionnaire. Ce n'était plus le mousse triste et craintif de la frégate ; ce n'était plus le sévère et sérieux capitaine de la jonque chinoise : c'était l'enfant chrétien qui se dilatait au sein d'une famille nouvelle. Il se plaisait à mettre ses vêtements de deuil, qui lui cachaient entièrement le visage ; il faisait semblant de pleurer et éclatait de rire.

Après les premières heures de repos, Pierre dit au missionnaire : « Mon père, je vous demande les prémices de votre ministère en Corée. Ma famille n'est pas baptisée, elle désire ardemment le baptême et la première communion ; veuillez commencer par elle avant de partir pour la capitale. » Le prêtre répondit : « Ce que vous demandez est très-juste : sans vous je ne serais pas ici ; je commencerai par votre famille, et avant de partir, j'administrerai la petite chrétienté de votre montagne.

— Et moi, dit Dominique, qu'est-ce que je ferai?

— Nous commencerons tous les deux par apprendre le coréen : pour cela nous irons tous les jours à la pêche avec Pierre ou son père, et nous tâcherons de ne plus parler que la langue du pays. »

Au bout de six semaines ou deux mois, le prêtre parlait et entendait assez le coréen pour faire un peu de catéchisme. Il trouva la famille Ni suffisamment instruite par les soins de Pierre. Le baptême du père, de la mère, de la sœur et de quelques enfants du voisinage fut fixé au samedi saint, et leur première communion au dimanche de

Pâques. La cabane, agrandie d'un hangard que les chrétiens construisirent pour la circonstance, fut ornée de tout ce qu'on put y mettre de plus précieux; mais ce n'est pas beaucoup dire, vu l'extrême pauvreté de ces familles. Néanmoins Marie, qui ne se possédait pas de joie, et sa mère avaient réussi à orner cette petite chapelle très-proprement. Ce fut un bien beau jour: la grâce rayonnait sur le visage des nouveaux chrétiens; Marie absorbée dans la prière ressemblait à un ange ; Pierre était inondé de joie et largement récompensé de ses fatigues. Après la messe, ses parents l'embrassèrent avec émotion et le remercièrent de leur avoir procuré un si grand bien. Le prêtre était tout rayonnant en voyant les premiers fruits de son ministère sur la terre étrangère. « Il ne manque qu'une chose à une si belle fête, disait en plaisantant Dominique, c'est de pouvoir tirer le canon. »

Le missionnaire régla ensuite l'emploi du temps, et donna à chacun l'occupation qui lui convenait, non seulement dans la famille Ni , mais parmi les chrétiens de la montagne. L'occupation principale des chrétiens devait être le défrichement d'une partie de la montagne, pour pouvoir vivre autant que possible sans avoir recours aux païens. Les jeunes gens reçurent pour mission de creuser des grottes et des cryptes au plus profond de la forêt, pour servir de retraites au moment du danger. Les jeunes filles faisaient des vêtements pour ceux qui travaillaient aux champs ou aux bois; d'autres gardaient les petits enfants pendant les travaux des parents. Marie leur faisait le catéchisme, leur enseignait à prier et passait elle-même plusieurs heures par jour en prière.

Quant à Dominique, il n'avait qu'une

chose en vue, et ce projet ne lui sortait pas de la tête : c'était de construire un navire capable de faire de longs voyages en mer et plus rapide que toutes les barques des sagouins. Il demanda au missionnaire quelques jeunes gens pour travailler avec lui et se mit à l'œuvre. Il y travaillait le jour, y rêvait la nuit, et priait sans cesse pour la réussite de son œuvre.

Pierre ne quittait pas le missionnaire, qui compléta les études de son catéchiste, et qui prit avec lui les moyens d'aller visiter et consoler les chrétiens de la capitale.

Le rôle de Pierre n'était pas terminé, mais il devenait secondaire; celui du missionnaire fut le principal.

En écrivant cette histoire, nous avons eu pour but de montrer ce que peut une volonté ferme, et quelle est l'importance du salut, qui passe avant tous les intérêts de ce monde. Heureux si cette histoire fait sortir de leur nonchalance un grand nombre de chrétiens qui, loin de travailler au salut des autres, n'ont pas seulement le courage de résister aux tentations les plus ordinaires.

Comme complément et comme conclusion, il ne nous reste plus à ajouter qu'un chapitre très-court.

V

Six ans plus tard, Monseigneur Imbert,
successeur de l'évêque Barthélemy, était
entré en Corée après mille dangers,
grâce au zèle et à l'adresse du prêtre qui
l'avait précédé et de notre jeune homme.
Pierre Ni était devenu prêtre. Tant de succès
avait réveillé la fureur des païens ; on était en
pleine persécution. Tous les jours, des familles exilées de la capitale s'enfuyaient sur
les montagnes et dans les forêts pour éviter
la mort. Cependant la chrétienté dont la
famille Ni était le centre avait été ignorée

jusque là et vivait dans le calme. Pierre suivait partout son évêque, au combat et dans l'administration des chrétiens, encourageant les uns au martyre et les autres à l'exil. Lorsqu'on lui annonça que son père était malade à l'extrémité, il partit pour la montagne, donna l'extrême-onction et le saint viatique au mourant qui était pleuré dans tout le voisinage ; et un an après ce fut le tour de sa mère, à laquelle il ouvrit aussi les portes du ciel.

Le calme de cette chrétienté fut bientôt troublé d'une manière horrible. Le frère de Pierre n'était pas devenu meilleur : la compagnie des grands et des puissants parmi les païens l'avait perverti davantage. Il ne savait pas où était son frère qui voyageait partout; mais il découvrit sa sœur et sut qu'elle était chrétienne et qu'elle répandait la foi autour d'elle. Il la dénonça, et une nuit la tranquille demeure de la famille Ni fut entourée de satellites. Marie fut arrêtée, ainsi que quelques pauvres chrétiens auxquels elle avait donné l'hospitalité. Tous furent conduits dans les prisons de la capitale. Pierre réussit à s'introduire plusieurs fois près d'eux, les exhorta au martyre et en particulier sa sœur. Mais tous étaient pleins de joie, et Pierre eut la consolation de leur porter le saint Viatique la veille du martyre. Dominique était imprenable, grâce à la rapidité du joli navire qu'il avait construit et à l'habileté de l'équipage chrétien qu'il s'était formé. Deux fois il sauva la vie à l'évêque en fuyant avec la rapidité d'une flèche devant les barques des sagouins. Deux fois il avait fait le voyage de Chine et avait beaucoup contribué à l'introduction de l'évêque.

Quant à Pierre, son zèle et son intrépidité

devaient recevoir la plus grande récompense qu'on puisse attendre en ce monde, je veux dire la couronne du martyre. Il fut arrêté pendant qu'il exhortait les chrétiens au plus fort de la persécution; son frère fut son juge et aurait voulu être son bourreau. Pierre fut condamné à mort, et un coup de sabre lui abattit la tête. Après tant de fatigues, de dangers, de souffrances et de privations, il alla rejoindre son père, sa mère et sa sœur, et brillant de la triple auréole des martyrs, des vierges et des docteurs qui ont enseigné aux autres le chemin de la vie, il entra dans le repos éternel.

FIN

CHEZ LE MÊME ÉDITEUR

Volumes in-12.

ALBÉRIC, ou le Modèle des apprentis. 6e édition.

AMOUR (l') D'UNE MÈRE.

ARTHUR DAUCOURT, ou Voyage en Norwége. 5e édition.

ARTISTE (l'). 2e édition.

BASILIQUE (la) DE SAINT-DENIS. 4e édition.

BEAUX (les) EXEMPLES. 6e édition.

BOURSE (la) INÉPUISABLE. 3e édition.

CHARLOTTE ET ERNEST. 7e édition.

CHOIX D'HISTOIRES. 5e édition.

CONSEILLER (le) des enfants.

DÉJEUNER (le) DES PAUVRES. 3e édition.

DEUX (les) BOUQUETS. 3e édition.

DOUBLE (la) RÉPARATION. 2e édition.

ENFANT (l') DU NAUFRAGE. 3e édition.

ENFANT (l') VOLÉ.

ERNESTINE, ou Pour bien commander il faut savoir obéir 3e éd.

FAMILLE (la) CLAIRVAL. 3e édition.

FANCHETTE, ou la Charité récompensée.

FÊTE (la) D'UNE MÈRE. 3e édition.

FILS (le) DU TISSERAND, ou la Charité rend heureux. 5e éd.

FILLE (la) DU FERMIER. 5e édition.

HEUREUX (les) FRUITS DE LA VERTU. 10e édition.

HISTOIRE DE JÉROME. 8e édition.

HISTOIRE D'UN MORCEAU DE PAIN , par J. Chantrel. 4e éd.

HISTORIETTES ET RÉCITS AU JEUNE AGE. 5e édition.

HUBERT ET PAUL.

LE PLUS BEAU JOUR DE LA VIE.

MAISON (la) DU TAILLEUR. 4e édition.

MAITRESSE (la) DU LOGIS. 3e édition.

MARIE AU FOYER DE LA FAMILLE. 3e édition.

MAURICE. 2e édition.

MIEL (le) ET LES ABEILLES 3e édition.

MORALITÉS ET ALLÉGORIES. 6e édition.

NOTRE-DAME DES ROSES. 4e édition.

ORPHELINE (l'). 3e édition.

PETITE (la) FAMILLE. 4e édition.

PETITS (les) JOUEURS. 4e édition.

PIERRE VALLÉE. 4e édition.

POUDRE (la) A CANON. 3e édition.

SAINTES (les) IMAGES.

SAINT ULRICH.

SERPENTS (les) ET LES FOURMIS. 3e édition.

THÉODULE. 4e édition. *retouchée.*

UN BONHEUR MÉRITÉ. 2e édition.

UNE COURONNE A MARIE.

VALENTIN. 7e édition.

VASE (le) DE FLEURS. 4e édition.

VÉTÉRAN (le), par Paul Jouhanneaud. 3e édition.

VOYAGE D'UN MORCEAU DE PAIN, par J. Chantrel. 3e éd.

AMIS (les) du ciel. 3e édition.

ANGE (l') du sommeil.

CABANE (la) du pêcheur.

CE QUE COUTE UN CAPRICE, par Marie Emery.

CLEF (la) DES COEURS, par l'auteur de *Blanche de Castille.* 2e éd.

COMÈTE (la).

COEURS (les) DROITS.

DEUX NOMS, par le même. 3e édition.

DEUX (les) PATRES, par Paul Jouhanneaud. 3e édition.

DON JUAN LUIS.

ÉTIENNE ET SIMON.

FILS (le) DES LARMES ; événement historique trad. de l'italien.

FLEURS ET FRUITS ; choix de poésies. 3e édition.

GUILLAUME SANS COEUR, par l'auteur des *Deux Pâtres.*

IMAGINATION (l'), ou Charlotte Drelincourt.

JEAN DE MONTMIRAIL (le b^x).

JEAN, ou l'État le plus heureux.

LA PIÉTÉ rend heureux. 2e édition.

LE PÈRE NARTOULET, par l'auteur des *Deux Pâtres.*

MADAME SÉTON.

MAIN (la) DE DIEU, par l'auteur de *René.*

MAIN (la) DROITE ET LA MAIN GAUCHE.

MAIRE (le) de village ; conseils aux habitants de sa commune.

MARTYR (le) de l'Inde ; vie du B^x Jean de Britto.

MODÈLE DE CHARITÉ ; vie de Mme de Méjanès.

MOIS (un) de pieuses lectures.

MONSEIGNEUR DE QUÉLEN , archevêque de Paris.

M. OLIER , curé de Saint-Sulpice.

NUIT (la) PORTE CONSEIL ; drame.

OISEAUX (les) du ciel.

PAUVRE (le) SAVETIER, par le comte de Lambel.

PAYSANS (les) norwégiens.

PÈLERINAGE à la Salette , par Maxime de Montrond.

PIERRE ROBERT , par l'auteur du *Maire de village.*

SAINTE (la) BERGÈRE ; vie de Germaine Cousin, 5e édition.

SECRET (le). 2e édition.

SE DÉVOUER C'EST AIMER.

SOLDAT (le) CHRÉTIEN , ou le Martyre de saint Maurice.

TABLE (la) DE SAPIN.

TÉLÉGRAPHE (le) ÉLECTRIQUE. 2e édition.

TROIS PROVERBES.

TROP PARLER NUIT.

UN ÉPISODE DE NOTRE TEMPS.

N MARTYR DU 3e SIÈCLE DE L'ÉGLISE.

BIBLIOTHÈQUE HISTORIQUE ET MORALE

Adhémar de Belcastel
Ame (l')
Amis de collège
Antoine et Joseph
Antoine, ou le Retour au village
Beauté des leçons de la nature
Bible de famille
Botanique à l'usage de la jeunesse
Chants historiques
Clotilde
Correspondance de famille
Dom Léo
Drames à l'usage des collèges
Edmour et Arthur
Epreuves (les) de la piété filiale
Eugénie de Revel
Famille Luzy
Fernand et Antony
Foi (la), l'Espérance et la Charité
Frédéric
Gilbert et Mathilde
Henri de Fermont
Histoire d'Angleterre
Histoire de Bossuet
Histoire de du Guesclin
Histoire de Fénelon
Histoire de François Ier
Histoire de Godefroi de Bouillon
Histoire de Henri IV
Histoire de la Révolution française
Histoire de Louis XII
Histoire de Louis XIV
Histoire de Marie-Antoinette
Histoire de Napoléon
Histoire de Philippe Auguste
Histoire de Russie
Histoire de saint François d'Assise
Histoire de sainte Monique
Histoire de saint Louis
Histoire d'Espagne
Histoire des Empereurs romains
Histoire des solitaires d'Orient
Histoire de Stanislas, roi de Pologne

Histoire de Vauban
Histoire du Bas-Empire 2 vol.
Histoire du brave Crillon
Histoire du grand Condé
Histoire du moyen-âge
Instructions sur les vérités de la rel.
Jérusalem
Jules
Julien Durand
Lancel et Anatole
Lorenzo
Manuscrit (le) bleu
Missions d'Amér., d'Océanie et d'Afr.
Missions du Levant, d'Asie, de Chine
Morale en action
Naufrage (le), ou l'Ile déserte
Nouveau Théâtre pour les jeunes gens
Nouveau Théâtre pour les j. personnes
Œuvres de M. Gachet
Petit (le) Savoyard
Princesse (la) Borghèse
Réné
Retour à la foi
Rosario
Saint-Pierre de Rome et le Vatican
Séraphine
Solitaires (les) d'Isola-Doma
Souvenirs d'Angleterre
Théâtre des jeunes filles
Traits édifiants.
Trésor (le) des familles chrétiennes
Triomphe (le) de la piété filiale
Vie de Brydayne
Vie de Marie Leckzinska
Vie de sainte Thérèse
Vie pratique de s. Alph. de Liguori
Vie pratique de s. Louis de Gonzague
Visnelda
Voyage à Hippone
Voyage sur la mer du monde
Voyages aux Montagnes rocheuses
Youloù (les)

LILLE, TYP. L. LEFORT, M D CCC LXIV